Werner

Por L

https://campsite.bio/unitedlibrary

Índice

Descargo de responsabilidad

Este libro biográfico es una obra de no ficción basada en la vida pública de una persona famosa. El autor ha utilizado información de dominio público para crear esta obra. Aunque el autor ha investigado a fondo el tema y ha intentado describirlo con precisión, no pretende ser un estudio exhaustivo del mismo. Las opiniones expresadas en este libro son exclusivamente las del autor y no reflejan necesariamente las de ninguna organización relacionada con el tema. Este libro no debe tomarse como un aval, asesoramiento legal o cualquier otra forma de consejo profesional. Este libro se ha escrito únicamente con fines de entretenimiento.

Introducción

Sumérjase en la fascinante vida y aportaciones de Werner Karl Heisenberg, destacado físico teórico alemán y uno de los principales pioneros de la mecánica cuántica. Nacido en 1901, Heisenberg dejó una huella indeleble en la historia de la ciencia con su revolucionario trabajo publicado en 1925, que allanó el camino a la mecánica cuántica moderna.

Heisenberg es conocido por el principio de incertidumbre, una idea fundamental que presentó en 1927 y que transformó nuestra comprensión de la naturaleza subatómica del universo. Galardonado con el Premio Nobel de Física en 1932 por la creación de la mecánica cuántica, sus contribuciones también abarcaron áreas como la hidrodinámica de los flujos turbulentos, el núcleo atómico, el ferromagnetismo, los rayos cósmicos y las partículas subatómicas.

Este detallado relato explora no sólo los logros científicos de Heisenberg, sino también su papel en el programa nazi de armamento nuclear durante la Segunda Guerra Mundial. Tras la guerra, asumió funciones destacadas en la investigación nuclear y la dirección de instituciones clave, como el Instituto Max Planck de Física y Astrofísica. La narración destaca su influencia como presidente del

Consejo Alemán de Investigación y su dedicación a la promoción de la física atómica. Con perspicacia, esta biografía sumerge al lector en la mente de un genio cuyas aportaciones cambiaron el panorama científico del siglo XX.

Werner Heisenberg

Werner Karl Heisenberg (5 de diciembre de 1901 - 1 de febrero de 1976) fue un físico teórico alemán y uno de los principales pioneros de la teoría de la mecánica cuántica. Publicó sus trabajos en 1925 en un importante artículo de divulgación. En la serie de trabajos posteriores con Max Born y Pascual Jordan, durante el mismo año, se elaboró sustancialmente su formulación matricial de la mecánica cuántica. Es conocido por el principio de incertidumbre, que publicó en 1927. Heisenberg recibió el Premio Nobel de Física en 1932 "por la creación de la mecánica cuántica".

Heisenberg también contribuyó a las teorías de la hidrodinámica de los flujos turbulentos, el núcleo atómico, el ferromagnetismo, los rayos cósmicos y las partículas subatómicas. Fue uno de los principales científicos del programa nazi de armamento nuclear durante la Segunda Guerra Mundial. También desempeñó un papel decisivo en la planificación del primer reactor nuclear de Alemania Occidental en Karlsruhe, junto con un reactor de investigación en Múnich, en 1957.

Tras la Segunda Guerra Mundial, fue nombrado director del Instituto de Física Kaiser Wilhelm, que poco después pasó a llamarse Instituto de Física Max Planck. Fue

director del Instituto hasta su traslado a Múnich en 1958.
De 1960 a 1970 fue director del Instituto Max Planck de
Física y Astrofísica.

Heisenberg fue también presidente del Consejo Alemán
de Investigación, presidente de la Comisión de Física
Atómica, presidente del Grupo de Trabajo de Física
Nuclear y presidente de la Fundación Alexander von
Humboldt.

Primeros años y educación

Primeros años

Werner Karl Heisenberg nació en Würzburg (Alemania), hijo de Kaspar Ernst August Heisenberg y su esposa, Annie Wecklein. Su padre era profesor de lenguas clásicas en la enseñanza secundaria y llegó a ser el único *ordentlicher Professor* (profesor ordinario) de estudios griegos medievales y modernos en el sistema universitario alemán.

Heisenberg crecló y vivió como cristiano luterano. Al final de su adolescencia, Heisenberg leyó *el Timeo* de Platón mientras practicaba senderismo en los Alpes bávaros. Relataba conversaciones filosóficas con sus compañeros y profesores sobre la comprensión del átomo mientras recibía su formación científica en Múnich, Gotinga y Copenhague. Heisenberg declaró más tarde que "mi mente se formó estudiando filosofía, a Platón y ese tipo de cosas" y que "la física moderna se ha decidido definitivamente a favor de Platón". De hecho, las unidades más pequeñas de la materia no son objetos físicos en el sentido ordinario; son formas, ideas que sólo pueden expresarse sin ambigüedad en lenguaje matemático".

En 1919 Heisenberg llegó a Múnich como miembro de *los Freikorps* para luchar contra la República Soviética de Baviera establecida un año antes. Cinco décadas después recordaba aquellos días como una diversión juvenil, como "jugar a policías y ladrones y cosas así; no era nada serio en absoluto"; sus tareas se limitaban a "incautar bicicletas o máquinas de escribir de edificios administrativos 'rojos'", y vigilar a presuntos prisioneros "rojos".

Estudios universitarios

De 1920 a 1923 estudió Física y Matemáticas en la Universidad Ludwig Maximilian de Múnich con Arnold Sommerfeld y Wilhelm Wien y en la Universidad Georg-August de Gotinga con Max Born y James Franck y Matemáticas con David Hilbert. Se doctoró en 1923 en Múnich con Sommerfeld.

En Göttingen, bajo la dirección de Born, completó su *habilitación* en 1924 con una *Habilitationsschrift* (tesis de habilitación) sobre el efecto Zeeman anómalo.

En junio de 1922, Sommerfeld llevó a Heisenberg a Gotinga para asistir al Festival Bohr, porque Sommerfeld tenía un sincero interés por sus alumnos y sabía del interés de Heisenberg por las teorías de Niels Bohr sobre física atómica. Bohr fue uno de los conferenciantes invitados e impartió una serie de conferencias sobre física atómica cuántica. Heisenberg conoció a Bohr por primera vez, lo que le marcó para siempre.

La tesis doctoral de Heisenberg, cuyo tema fue sugerido por Sommerfeld, versaba sobre la turbulencia; en ella se analizaban tanto la estabilidad del flujo laminar como la naturaleza del flujo turbulento. El problema de la estabilidad se investigó mediante el uso de la ecuación de Orr-Sommerfeld, una ecuación diferencial lineal de cuarto orden para pequeñas perturbaciones del flujo laminar. Volvió brevemente sobre este tema después de la Segunda Guerra Mundial.

En su juventud fue miembro y jefe scout de la *Neupfadfinder*, una asociación scout alemana que formaba parte del Movimiento Juvenil Alemán. En agosto de 1923 Robert Honsell y Heisenberg organizaron un viaje a Finlandia con un grupo scout de esta asociación de Múnich.

Vida privada

A Heisenberg le gustaba la música clásica y era un consumado pianista. Su interés por la música le llevó a conocer a su futura esposa. En enero de 1937, Heisenberg conoció a Elisabeth Schumacher (1914-1998) en un recital privado. Elisabeth era hija de un conocido profesor de economía berlinés, y su hermano era el economista E. F. Schumacher, autor de *Lo pequeño es hermoso*.

Heisenberg se casó con ella el 29 de abril. En enero de 1938 nacieron los gemelos Maria y Wolfgang, y Wolfgang Pauli felicitó a Heisenberg por su "creación de pares", un juego de palabras con un proceso de la física de partículas elementales, la producción de pares. En los 12 años siguientes tuvieron cinco hijos más: Barbara, Christine, Jochen, Martin y Verena. En 1939 compró una casa de verano para su familia en Urfeld am Walchensee, en el sur de Alemania.

Uno de los hijos de Heisenberg, Martin Heisenberg, se convirtió en neurobiólogo en la Universidad de Würzburg, mientras que otro hijo, Jochen Heisenberg, fue profesor de física en la Universidad de New Hampshire.

Carrera académica

Gotinga, Copenhague y Leipzig

De 1924 a 1927, Heisenberg fue Privatdozent en Gotinga, lo que significa que estaba cualificado para enseñar y examinar de forma independiente, sin tener una cátedra. Del 17 de septiembre de 1924 al 1 de mayo de 1925, gracias a una beca de la Fundación Rockefeller del Consejo Internacional de Educación, Heisenberg fue a investigar con Niels Bohr, director del Instituto de Física Teórica de la Universidad de Copenhague. Su trabajo fundamental, "Über quantentheoretische Umdeutung kinematischer und mechanischer Beziehungen" ("Reinterpretación teórica cuántica de las relaciones cinemáticas y mecánicas"), se publicó en septiembre de 1925. Regresó a Gotinga y, junto con Max Born y Pascual Jordan, desarrolló durante unos seis meses la formulación de la mecánica matricial de la mecánica cuántica. El 1 de mayo de 1926, Heisenberg empezó a trabajar como profesor universitario y ayudante de Bohr en Copenhague. Fue en Copenhague, en 1927, donde Heisenberg desarrolló su principio de incertidumbre, mientras trabajaba en los fundamentos matemáticos de la mecánica cuántica. El 23 de febrero, Heisenberg escribió una carta a su colega Wolfgang Pauli en la que describía por primera vez su nuevo principio. En su documento sobre el principio, Heisenberg utilizó la palabra "*Ungenauigkeit*" (imprecisión), no incertidumbre, para describirlo.

En 1927, Heisenberg fue nombrado *Profesor* Ordinario de Física Teórica y Jefe del Departamento de Física de la Universidad de Leipzig, donde pronunció su lección inaugural el 1 de febrero de 1928. En su primer artículo publicado desde Leipzig, Heisenberg utilizó el principio de exclusión de Pauli para resolver el misterio del ferromagnetismo.

Durante el mandato de Heisenberg en Leipzig, la alta calidad de los estudiantes de doctorado y de los investigadores asociados que estudiaron y trabajaron con él queda patente por los elogios que muchos de ellos obtuvieron posteriormente. Entre ellos se encontraban Erich Bagge, Felix Bloch, Ugo Fano, Siegfried Flügge, William Vermillion Houston, Friedrich Hund, Robert S. Mulliken, Rudolf Peierls, George Placzek, Isidor Isaac Rabi, Fritz Sauter, John C. Slater, Edward Teller, John Hasbrouck van Vleck, Victor Frederick Weisskopf, Carl Friedrich von Weizsäcker, Gregor Wentzel y Clarence Zener.

A principios de 1929, Heisenberg y Pauli presentan el primero de dos artículos que sientan las bases de la teoría cuántica relativista de campos. También en 1929, Heisenberg realizó una gira de conferencias por China, Japón, India y Estados Unidos. En la primavera de 1929 fue profesor invitado en la Universidad de Chicago, donde impartió una conferencia sobre mecánica cuántica.

En 1928, el físico matemático británico Paul Dirac había deducido su ecuación de onda relativista de la mecánica cuántica, que implicaba la existencia de electrones positivos, más tarde denominados positrones. En 1932, a partir de una fotografía de rayos cósmicos tomada en una cámara de nubes, el físico estadounidense Carl David Anderson identificó una huella como realizada por un positrón. A mediados de 1933, Heisenberg presentó su teoría del positrón. Sus reflexiones sobre la teoría de Dirac y el desarrollo posterior de la teoría se expusieron en dos artículos. El primero, "Bemerkungen zur Diracschen Theorie des Positrons" ("Observaciones sobre la teoría del positrón de Dirac"), se publicó en 1934, y el segundo, "Folgerungen aus der Diracschen Theorie des Positrons" ("Consecuencias de la teoría del positrón de Dirac"), se publicó en 1936. En estos artículos, Heisenberg fue el primero en reinterpretar la ecuación de Dirac como una ecuación de campo "clásica" para cualquier partícula puntual de espín $\hbar/2$, sujeta a su vez a condiciones de cuantización en las que intervienen anticomutadores. Al reinterpretarla como una ecuación de campo (cuántica) que describe con precisión los electrones, Heisenberg puso la materia en el mismo plano que el electromagnetismo: como descrita por ecuaciones de campo cuánticas relativistas que permitían la posibilidad de creación y destrucción de partículas. (Hermann Weyl ya lo había descrito en una carta de 1929 a Albert Einstein).

La mecánica matricial y el Premio Nobel

El artículo de Heisenberg que estableció la mecánica cuántica ha desconcertado a físicos e historiadores. Sus métodos suponen que el lector está familiarizado con los cálculos de probabilidades de transición de Kramers-Heisenberg. La principal idea nueva, las matrices no conmutativas, sólo se justifica por el rechazo de las cantidades inobservables. Introduce la multiplicación no conmutativa de matrices por razonamiento físico, basado en el principio de correspondencia, a pesar de que Heisenberg no estaba familiarizado entonces con la teoría matemática de matrices. El camino que conduce a estos resultados ha sido reconstruido por MacKinnon, y los cálculos detallados han sido elaborados por Aitchison y coautores.

En Copenhague, Heisenberg y Hans Kramers colaboraron en un trabajo sobre la dispersión, o la dispersión desde los átomos de radiaciones cuya longitud de onda es mayor que la de los átomos. Demostraron que la exitosa fórmula que Kramers había desarrollado anteriormente no podía basarse en las órbitas de Bohr, porque las frecuencias de transición se basan en separaciones de niveles que no son constantes. Por el contrario, las frecuencias que se producen en la transformada de Fourier de las órbitas clásicas en serie aguda están igualmente espaciadas. Pero estos resultados podrían explicarse mediante un modelo semiclásico de estado virtual: la radiación entrante excita el electrón de valencia, o exterior, a un estado virtual a partir del cual decae. En un artículo posterior, Heisenberg demostró que este modelo de oscilador virtual también podía explicar la polarización de la radiación fluorescente.

Estos dos éxitos, y el continuo fracaso del modelo Bohr-Sommerfeld para explicar el problema pendiente del efecto Zeeman anómalo, llevaron a Heisenberg a utilizar el modelo del oscilador virtual para intentar calcular las frecuencias espectrales. El método resultó demasiado difícil para aplicarlo inmediatamente a problemas realistas, por lo que Heisenberg recurrió a un ejemplo más sencillo, el oscilador anarmónico.

El oscilador dipolar consiste en un oscilador armónico simple, que se considera como una partícula cargada sobre un muelle, perturbada por una fuerza externa, como una carga externa. El movimiento de la carga oscilante puede expresarse como una serie de Fourier en la frecuencia del oscilador. Heisenberg resolvió el comportamiento cuántico mediante dos métodos diferentes. En primer lugar, trató el sistema con el método del oscilador virtual, calculando las transiciones entre los niveles que produciría la fuente externa.

A continuación, resolvió el mismo problema tratando el término de potencial anarmónico como una perturbación del oscilador armónico y utilizando los métodos de perturbación que él y Born habían desarrollado. Ambos métodos condujeron a los mismos resultados para los términos de corrección de primer orden y para los muy complicados términos de corrección de segundo orden. Esto sugería que tras los complicadísimos cálculos se escondía un esquema coherente.

Así pues, Heisenberg se propuso formular estos resultados sin dependencia explícita del modelo del oscilador virtual. Para ello, sustituyó las expansiones de Fourier para las coordenadas espaciales por matrices, matrices que correspondían a los coeficientes de transición en el método del oscilador virtual. Justificó esta sustitución apelando al principio de correspondencia de Bohr y a la doctrina de Pauli, según la cual la mecánica cuántica debe limitarse a los observables.

El 9 de julio, Heisenberg entregó a Born este trabajo para que lo revisara y lo presentara para su publicación. Cuando Born leyó el artículo, reconoció que la formulación podía transcribirse y ampliarse al lenguaje sistemático de las matrices, que había aprendido en sus estudios con Jakob Rosanes en la Universidad de Breslau.

Born, con la ayuda de su ayudante y antiguo alumno Pascual Jordan, comenzó inmediatamente a realizar la transcripción y ampliación, y presentaron sus resultados para su publicación; el artículo se recibió para su publicación tan sólo 60 días después del artículo de Heisenberg. Antes de fin de año, los tres autores enviaron para su publicación un artículo de seguimiento.

Hasta entonces, los físicos apenas utilizaban las matrices, que se consideraban matemáticas puras. Gustav Mie las había utilizado en un artículo sobre electrodinámica en 1912 y Born en su trabajo sobre la teoría de celosías de cristales en 1921. Aunque en estos casos se utilizaban matrices, el álgebra de matrices con su multiplicación no entraba en escena como en la formulación matricial de la mecánica cuántica.

En 1928, Albert Einstein propuso a Heisenberg, Born y Jordan para el Premio Nobel de Física. El anuncio del Premio Nobel de Física de 1932 se retrasó hasta noviembre de 1933. En ese momento se anunció que Heisenberg había ganado el Premio de 1932 "por la creación de la mecánica cuántica, cuya aplicación ha conducido, entre otras cosas, al descubrimiento de las formas alotrópicas del hidrógeno".

Interpretación de la teoría cuántica

El desarrollo de la mecánica cuántica y las implicaciones aparentemente contradictorias respecto a lo que es "real" tuvieron profundas implicaciones filosóficas, entre ellas lo que significan realmente las observaciones científicas. A diferencia de Albert Einstein y Louis de Broglie, que eran realistas y creían que las partículas tenían un momento y una posición objetivamente verdaderos en todo momento (aunque ambos no pudieran medirse), Heisenberg era antirrealista y sostenía que el conocimiento directo de lo que es "real" estaba fuera del alcance de la ciencia. En su libro *The Physicist's Conception of Nature,* Heisenberg sostenía que, en última instancia, sólo podemos hablar de los *conocimientos* (números en tablas) que describen algo sobre las partículas, pero nunca podremos tener un acceso "verdadero" a las partículas en sí:

Ya no podemos hablar del comportamiento de la partícula independientemente del proceso de observación. Como consecuencia final, las leyes naturales formuladas matemáticamente en la teoría cuántica ya no tratan de las partículas elementales en sí, sino de nuestro conocimiento de ellas. Cuando hablamos de la imagen de la naturaleza en la ciencia exacta de nuestra época, no nos referimos tanto a una imagen de la naturaleza como a una *imagen de nuestras relaciones con la naturaleza.* ...La ciencia ya no se enfrenta a la naturaleza como un observador objetivo, sino que se ve a sí misma como un actor en esta interacción entre el hombre y la naturaleza. El método científico de analizar, explicar y clasificar ha tomado conciencia de sus limitaciones, que se derivan del hecho de que con su intervención la ciencia altera y remodela el objeto de investigación. En otras palabras, el método y el objeto ya no pueden separarse.

Investigación *SS*

Poco después del descubrimiento del neutrón por James Chadwick en 1932, Heisenberg presentó el primero de tres artículos sobre su modelo neutrón-protón del núcleo. Tras la llegada de Adolf Hitler al poder en 1933, Heisenberg fue atacado en la prensa como "judío blanco" (es decir, un ario que actúa como judío). Los partidarios de la *Deutsche Physik,* o Física Alemana (también conocida como Física Aria), lanzaron feroces ataques contra los principales físicos teóricos, entre ellos Arnold Sommerfeld y Heisenberg. Desde principios de la década de 1930, el movimiento antisemita y antifísica teórica Deutsche *Physik* se había ocupado de la mecánica cuántica y la teoría de la relatividad. En el ámbito universitario, los factores políticos primaban sobre la capacidad académica, a pesar de que sus dos partidarios más destacados eran los premios Nobel de Física Philipp Lenard y Johannes Stark.

Hubo muchos intentos fallidos de nombrar a Heisenberg catedrático en varias universidades alemanas. Su intento de ser nombrado sucesor de Arnold Sommerfeld fracasó debido a la oposición del movimiento *Deutsche Physik*. El 1 de abril de 1935, el eminente físico teórico Sommerfeld, asesor doctoral de Heisenberg en la Ludwig-Maximilians-Universität München, alcanzó el estatus de emérito. Sin embargo, Sommerfeld permaneció en su cátedra durante el proceso de selección de su sucesor, que duró hasta el 1 de diciembre de 1939. El proceso fue largo debido a las diferencias académicas y políticas entre la selección de la Facultad de Múnich y la del Ministerio de Educación del Reich y los partidarios de la *Deutsche Physik*.

En 1935, la Facultad de Múnich elaboró una lista de candidatos para sustituir a Sommerfeld como catedrático ordinario de Física Teórica y director del Instituto de Física Teórica de la Universidad de Múnich. Los tres candidatos habían sido alumnos de Sommerfeld: Heisenberg, que había recibido el Premio Nobel de Física; Peter Debye, que había recibido el Premio Nobel de Química en 1936; y Richard Becker. La Facultad de Múnich apoyaba firmemente a estos candidatos, con Heisenberg como primera opción. Sin embargo, los partidarios de la *Deutsche Physik* y los elementos de la REM tenían su propia lista de candidatos, y la batalla se prolongó durante más de cuatro años. Durante este tiempo, Heisenberg fue duramente atacado por los partidarios de la Deutsche *Physik*. Uno de los ataques se publicó en *Das Schwarze Korps*, el periódico de *las SS*, dirigido por

Heinrich Himmler. En él se calificaba a Heisenberg de "judío blanco" al que había que hacer "desaparecer". Estos ataques se tomaron en serio, ya que los judíos fueron violentamente atacados y encarcelados. Heisenberg contraatacó con un editorial y una carta a Himmler, en un intento de resolver el asunto y recuperar su honor.

En una ocasión, la madre de Heisenberg visitó a la madre de Himmler. Las dos mujeres se conocían, ya que el abuelo materno de Heisenberg y el padre de Himmler eran rectores y miembros de un club de excursionismo bávaro. Finalmente, Himmler zanjó el asunto Heisenberg enviando dos cartas, una al SS Gruppenführer Reinhard Heydrich y otra a Heisenberg, ambas el 21 de julio de 1938. En la carta a Heydrich, Himmler decía que Alemania no podía permitirse perder o silenciar a Heisenberg, ya que sería útil para enseñar a una generación de científicos. A Heisenberg, Himmler le dijo que la carta llegaba por recomendación de su familia y le advirtió que distinguiera entre los resultados de la investigación física profesional y las actitudes personales y políticas de los científicos implicados.

Wilhelm Müller sustituyó a Sommerfeld en la Universidad Ludwig Maximilian de Múnich. Müller no era físico teórico, no había publicado en ninguna revista de física y no era miembro de la Sociedad Alemana de Física. Su nombramiento se consideró una parodia y perjudicial para la formación de físicos teóricos.

Los tres investigadores que dirigieron la investigación de la SS sobre Heisenberg tenían formación en física. De hecho, Heisenberg había participado en el examen de doctorado de uno de ellos en la Universität Leipzig. El más influyente de los tres era Johannes Juilfs. Durante su investigación, se convirtieron en partidarios de Heisenberg, así como de su postura contraria a las políticas ideológicas del movimiento *Deutsche Physik* en la física teórica y el mundo académico.

Programa alemán de armamento nuclear

La Alemania nazi emprendió varios programas de investigación relacionados con la tecnología nuclear, incluidas las armas nucleares y los reactores nucleares, antes y durante la Segunda Guerra Mundial. Se denominaron *Uranverein* (*Club del Uranio*) o *Uranprojekt* (*Proyecto Uranio*). El primero comenzó en abril de 1939, pocos meses después del descubrimiento de la fisión nuclear en Berlín en diciembre de 1938, pero terminó pocos meses después, poco antes de la invasión alemana de Polonia en septiembre de 1939, para la que muchos físicos alemanes notables fueron reclutados por la *Wehrmacht*. El 1 de septiembre de 1939, el día de la invasión de Polonia, se puso en marcha una segunda iniciativa bajo la responsabilidad administrativa de la *Heereswaffenamt* de *la Wehrmacht*. Con el tiempo, el programa se amplió a tres actividades principales: El desarrollo de *la Uranmaschine* (reactor nuclear), la producción de uranio y agua pesada y la separación de isótopos de uranio. Finalmente, los militares alemanes decidieron que la fisión nuclear no contribuiría significativamente a la guerra y, en enero de 1942, el *Heereswaffenamt traspasó el* programa al Consejo de

Investigación del Reich (*Reichsforschungsrat*), aunque siguió financiando la actividad.

El programa se dividió en nueve grandes institutos en los que los directores dominaban la investigación y fijaban sus propios objetivos. Posteriormente, el número de científicos que trabajaban en la fisión nuclear aplicada empezó a disminuir, ya que muchos investigadores aplicaron su talento a demandas más apremiantes en tiempos de guerra. Entre las personas más influyentes del *Uranverein* se encontraban Kurt Diebner, Abraham Esau, Walther Gerlach y Erich Schumann. Schumann era uno de los físicos más poderosos e influyentes de Alemania. Diebner, durante toda la vida del proyecto de armamento nuclear, tuvo más control sobre la investigación de la fisión nuclear que Walther Bothe, Klaus Clusius, Otto Hahn, Paul Harteck o Werner Heisenberg. Esau fue nombrado plenipotenciario del *Reichsmarschall* Hermann Göring para la investigación en física nuclear en diciembre de 1942, y fue sucedido por Walther Gerlach tras su dimisión en diciembre de 1943.

La politización del mundo académico alemán bajo el régimen nazi de 1933-1945 había expulsado de Alemania a muchos físicos, ingenieros y matemáticos ya en 1933. Aquellos de ascendencia judía que no se marcharon fueron rápidamente purgados, lo que redujo aún más las filas de investigadores. La politización de las universidades, junto con la demanda de mano de obra por parte de las fuerzas armadas alemanas (muchos científicos y personal técnico fueron reclutados, a pesar de poseer conocimientos técnicos y de ingeniería), redujo sustancialmente el número de físicos alemanes capaces.

El desarrollo se llevó a cabo en varias fases, pero en palabras del historiador Mark Walker, al final quedó "congelado a nivel de laboratorio" con el "modesto objetivo" de "construir un reactor nuclear que pudiera mantener una reacción nuclear de fisión en cadena durante un tiempo significativo y lograr la separación completa de al menos una ínfima cantidad de los isótopos de uranio". El consenso de los expertos es que no se lograron estos objetivos y que, a pesar de los temores de la época, los alemanes nunca estuvieron cerca de fabricar armas nucleares. Con el fin de la guerra en Europa en la primavera de 1945, varias potencias aliadas compitieron entre sí para obtener los componentes supervivientes de la industria nuclear alemana (personal, instalaciones y material), al igual que hicieron con el programa pionero V-2 SRBM.

Descubrimiento de la fisión nuclear

En diciembre de 1938, el químico alemán Otto Hahn y su ayudante Fritz Strassmann enviaron un manuscrito a la revista científica alemana *Naturwissenschaften* ("Ciencias Naturales") en el que informaban de que habían detectado e identificado el elemento bario tras bombardear uranio con neutrones. El artículo se publicó el 6 de enero de 1939. El 19 de diciembre de 1938, dieciocho días antes de la publicación, Otto Hahn comunicó estos resultados y su conclusión de un *estallido* del núcleo de uranio en una carta a su colega y amiga Lise Meitner, que había huido de Alemania en julio a los Países Bajos y luego a Suecia. Meitner y su sobrino Otto Robert Frisch confirmaron la conclusión de Hahn e interpretaron correctamente los resultados como "fisión nuclear", término acuñado por Frisch. Frisch lo confirmó experimentalmente el 13 de enero de 1939.

Primer *Uranverein*

El 22 de abril de 1939, tras escuchar una ponencia en un coloquio de Wilhelm Hanle en la que proponía el uso de la fisión del uranio en una *Uranmaschine* (máquina de uranio, es decir, reactor nuclear), Georg Joos, junto con Hanle, notificó a Wilhelm Dames, del *Reichserziehungsministerium* (REM, Ministerio de Educación del Reich), las posibles aplicaciones militares de la energía nuclear. El grupo estaba formado por los físicos Walther Bothe, Robert Döpel, Hans Geiger, Wolfgang Gentner (probablemente enviado por Walther Bothe), Wilhelm Hanle, Gerhard Hoffmann y Georg Joos; Peter Debye fue invitado, pero no asistió. Posteriormente, Joos, Hanle y su colega Reinhold Mannkopff iniciaron un trabajo informal en la Universidad Georg-August de Gotinga; el grupo de físicos era conocido informalmente como el primer *Uranverein* (Club del Uranio) y formalmente como *Arbeitsgemeinschaft für Kernphysik*. El trabajo del grupo se interrumpió en agosto de 1939, cuando los tres fueron llamados a filas.

Otras iniciativas de 1939

Paul Harteck era director del departamento de química física de la Universidad de Hamburgo y asesor de la *Heereswaffenamt* (HWA, Oficina de Artillería del Ejército). El 24 de abril de 1939, junto con su ayudante Wilhelm Groth, Harteck se puso en contacto con el *Reichskriegsministerium* (RKM, Ministerio de Guerra del Reich) para alertarles del potencial de las aplicaciones militares de las reacciones nucleares en cadena. Más adelante, esta iniciativa dio lugar al Segundo *Uranverein*. Dos días antes, Joos y Hanle se habían dirigido al REM, dando lugar al Primer Uranverein.

La empresa industrial *Auergesellschaft* disponía de una cantidad considerable de uranio "residual" del que había extraído radio. Tras leer en junio de 1939 un artículo de Siegfried Flügge sobre el uso técnico de la energía nuclear a partir del uranio, Nikolaus Riehl, director de la sede científica de Auergesellschaft, reconoció una oportunidad de negocio para la empresa y, en julio, se dirigió a la HWA (*Heereswaffenamt*, Oficina de Artillería del Ejército) para hablar de la producción de uranio. La HWA se mostró interesada y Riehl comprometió los recursos de la empresa en la tarea. Finalmente, la HWA concedió un pedido para la producción de óxido de uranio, que se llevó a cabo en la planta de la Auergesellschaft en Oranienburg, al norte de Berlín.

Segundo *Uranverein*

El segundo *Uranverein* comenzó después de que el HWA expulsara al *Reichsforschungsrat* (RFR, Consejo de Investigación del Reich) del REM e iniciara el proyecto formal alemán de armas nucleares bajo auspicios militares. Este segundo *Uranverein* se formó el 1 de septiembre de 1939, el día en que comenzó la Segunda Guerra Mundial, y celebró su primera reunión el 16 de septiembre de 1939. La reunión fue organizada por Kurt Diebner, asesor de la HWA, y se celebró en Berlín. Entre los invitados se encontraban Walther Bothe, Siegfried Flügge, Hans Geiger, Otto Hahn, Paul Harteck, Gerhard Hoffmann, Josef Mattauch y Georg Stetter. Poco después se celebró una segunda reunión en la que participaron Klaus Clusius, Robert Döpel, Werner Heisenberg y Carl Friedrich von Weizsäcker. También en esta época, el *Kaiser-Wilhelm Institut für Physik* (KWIP, Instituto Kaiser Wilhelm de Física, después de la Segunda Guerra Mundial Instituto Max Planck de Física), en Berlín-Dahlem, se puso bajo la autoridad del HWA, con Diebner como director administrativo, y comenzó el control militar de la investigación nuclear.

Heisenberg dijo en 1939 que los físicos de la (segunda) reunión dijeron que "en principio se podrían fabricar bombas atómicas.... tardarían años.... no antes de cinco". Dijo: "No se lo comuniqué al Führer hasta dos semanas después y de forma muy casual porque no quería que el Führer se interesara tanto que ordenara grandes esfuerzos inmediatamente para fabricar la bomba atómica". Speer pensó que era mejor que se dejara de lado el asunto y el Führer también reaccionó así." Dijo que plantearon el asunto así por su seguridad personal, ya que la probabilidad (de éxito) era casi nula, pero si muchos miles (de personas) no desarrollaban nada, eso podría tener "consecuencias extremadamente desagradables para nosotros." Así que le dimos la vuelta al eslogan para hacer uso de la *guerra para la física* y no "hacer uso de la física para la guerra". Erhard Milch preguntó cuánto tiempo tardaría América y se le dijo 1944 aunque el grupo *entre nosotros* pensaba que tardaría más, tres o cuatro años.

Cuando se hizo evidente que el proyecto de armas nucleares no contribuiría de forma decisiva a poner fin a la guerra a corto plazo, el control del KWIP se devolvió en enero de 1942 a su organización paraguas, la *Kaiser-Wilhelm Gesellschaft* (KWG, Sociedad Kaiser Wilhelm, tras la Segunda Guerra Mundial la Max-Planck Gesellschaft). El control del proyecto por parte de la HWA pasó posteriormente a la RFR en julio de 1942. A partir de entonces, el proyecto de armas nucleares mantuvo su designación de *kriegswichtig* (importancia bélica) y siguió financiándose con fondos militares, pero entonces se dividió en las áreas de producción de uranio y agua pesada, separación de isótopos de uranio y la *Uranmaschine* (máquina de uranio, es decir, reactor nuclear). De hecho, se dividió en institutos en los que los diferentes directores dominaban la investigación y establecían sus propios programas de investigación. El personal, las instalaciones y las áreas de investigación dominantes eran:

- Walther Bothe - Director del *Institut für Physik (Instituto de* Física) del Kaiser-Wilhelm Institut *für medizinische Forschung* (KWImF, Instituto Kaiser Wilhelm de Investigación Médica, después de 1948 Max-Planck-Institut für medizinische Forschung), en Heidelberg.

  o Medición de las constantes nucleares. *6 físicos*

- Klaus Clusius - Director del Instituto de Química Física de la Universidad Ludwig Maximilian de Múnich

- o Separación de isótopos y producción de agua pesada. *ca. 4 químicos físicos y físicos*

- Kurt Diebner - Director de la HWA *Versuchsstelle* (estación de pruebas) de Gottow y de la estación experimental RFR de Stadtilm, Turingia; también fue asesor de la HWA en física nuclear.

  - o Medición de las constantes nucleares. *ca. 6 físicos*

- Otto Hahn - Director del *Kaiser-Wilhelm-Institut für Chemie* (KWIC, Instituto Kaiser Wilhelm de Química, tras la Segunda Guerra Mundial *Instituto Max Planck de Química - Instituto Otto Hahn*), en Berlín-Dahlem.

  - o Elementos transuránicos, productos de fisión, separación de isótopos y medición de constantes nucleares. *aprox. 6 químicos y físicos.*

- Paul Harteck - Director del Departamento de Química Física de la Universidad de Hamburgo.

  - o Producción de agua pesada y producción de isótopos. *5 fisicoquímicos, físicos y químicos*

- Werner Heisenberg - Director del Departamento de Física Teórica de la Universidad de Leipzig hasta el verano de 1942; a partir de entonces, director en funciones del *Kaiser-Wilhelm-Institut für Physik* (Instituto Kaiser Wilhelm de Física), en Berlín-Dahlem.

  - *Uranmaschine*, separación de isótopos y medición de constantes nucleares. *aprox. 7 físicos y fisicoquímicos.*

- Hans Kopfermann - Director del Segundo Instituto de Física Experimental de la Universidad Georg-August de Gotinga.

  - Separación de isótopos. *2 físicos*

- Nikolaus Riehl - Director Científico de la Auergesellschaft.

  - Producción de uranio. *aprox. 3 físicos y fisicoquímicos*

- Georg Stetter - Director del *II. Physikalisches Institut (Segundo Instituto de* Física) de la Universidad de Viena.

  - Elementos transuránicos y medición de las constantes nucleares. *ca. 6 físicos y fisicoquímicos*

En 1942, cuando el ejército cedió el control del proyecto, se alcanzó el punto álgido en cuanto al número de personas dedicadas al proyecto, que no superaba los setenta científicos, de los cuales unos cuarenta dedicaban más de la mitad de su tiempo a la investigación de la fisión nuclear. Posteriormente, el número disminuyó drásticamente y muchos de los que no trabajaban con los institutos principales dejaron de trabajar en la fisión nuclear y dedicaron sus esfuerzos a tareas más urgentes relacionadas con la guerra.

El 4 de junio de 1942, una conferencia sobre el proyecto, iniciada por Albert Speer como jefe del "Ministerio del Reich *para* Armamento *y Municiones*" (RMBM: *Reichsministerium für Bewaffnung und Munition*; después de finales de 1943, Ministerio del Reich para Armamento y Producción Bélica), decidió su continuación con el único objetivo de producir energía. El 9 de junio de 1942, Adolf Hitler promulgó un decreto para la reorganización del RFR como entidad jurídica independiente dependiente del RMBM; el decreto nombraba presidente al mariscal del Reich Hermann Göring. La reorganización se llevó a cabo por iniciativa del ministro Albert Speer del RMBM; era necesaria, ya que la RFR bajo el mandato de Bernhard Rust, ministro de Ciencia, Educación y Cultura Nacional, era ineficaz y no estaba logrando su propósito. Se esperaba que Göring dirigiera el RFR con la misma disciplina y eficacia que el sector de la aviación. El 6 de julio de 1942 se celebró una reunión para discutir la función de la RFR y establecer su agenda. La reunión supuso un punto de inflexión en las actitudes nazis hacia la ciencia, así como el reconocimiento de que las políticas que expulsaron a los científicos judíos de Alemania fueron un error, ya que el Reich necesitaba sus conocimientos. El 8 de diciembre de 1942, Abraham Esau fue nombrado *Bevollmächtigter* (plenipotenciario) de Hermann Göring para la investigación en física nuclear en la RFR; en diciembre de 1943, Esau fue sustituido por Walther Gerlach. A fin de cuentas, poner la RFR bajo el control administrativo de Göring tuvo poco efecto en el proyecto alemán de armamento nuclear.

Speer afirma que el proyecto de desarrollar la bomba atómica se echó por tierra en otoño de 1942. Aunque la solución científica estaba ahí, se habrían necesitado todos los recursos productivos de Alemania para fabricar una bomba, y no antes de 1947. El desarrollo continuó con un "motor de uranio" para la marina y el desarrollo de un ciclotrón alemán. Sin embargo, en el verano de 1943, Speer liberó las 1.200 toneladas métricas restantes de existencias de uranio para la producción de munición de núcleo sólido.

Con el tiempo, el HWA y luego el RFR controlaron el proyecto alemán de armas nucleares. Las personas más influyentes fueron Kurt Diebner, Abraham Esau, Walther

Gerlach y Erich Schumann. Schumann era uno de los físicos más poderosos e influyentes de Alemania. Fue director del Departamento de Física II de la Universidad Federico Guillermo (más tarde, Universidad de Berlín), encargado y financiado por el *Oberkommando des Heeres* (OKH, Alto Mando del Ejército) para llevar a cabo proyectos de investigación en física. También fue jefe del departamento de investigación del HWA, secretario adjunto del Departamento Científico del OKW y *Bevollmächtigter* (plenipotenciario) para explosivos de gran potencia. Diebner, durante toda la vida del proyecto del arma nuclear, tuvo más control sobre la investigación de la fisión nuclear que Walther Bothe, Klaus Clusius, Otto Hahn, Paul Harteck o Werner Heisenberg.

Separación isotópica

Paul Peter Ewald, miembro *del Uranverein*, había propuesto un separador electromagnético de isótopos, que se creía aplicable a la producción y enriquecimiento de U. La idea fue recogida por Manfred von Ardenne, que dirigía un establecimiento privado de investigación. Manfred von Ardenne, que dirigía un centro de investigación privado, se hizo eco de la idea.

En 1928, von Ardenne había recibido su herencia con pleno control sobre cómo gastarla, y creó su laboratorio privado de investigación, *el Forschungslaboratorium für Elektronenphysik*, en Berlín-Lichterfelde, para llevar a cabo sus propias investigaciones sobre tecnología de radio y televisión y microscopía electrónica. Financió el laboratorio con los ingresos que obtenía de sus inventos y de contratos con otras empresas. Por ejemplo, sus investigaciones sobre física nuclear y tecnología de alta frecuencia fueron financiadas por el *Reichspostministerium* (RPM, Ministerio de Correos del Reich), dirigido por Wilhelm Ohnesorge. Von Ardenne atrajo a personal de primera categoría para trabajar en sus instalaciones, como el físico nuclear Fritz Houtermans, en 1940. Von Ardenne también había investigado la separación de isótopos. Siguiendo la sugerencia de Ewald, empezó a construir un prototipo para el RPM. El trabajo se vio obstaculizado por la escasez de la guerra y finalmente terminó por la guerra.

Además del *Uranverein* y del equipo de von Ardenne en Berlín-Lichterfelde, también había un pequeño equipo de investigación en el Henschel Flugzeugwerke: el grupo de estudio bajo la dirección del Prof. Dr. Ing. Herbert Wagner (1900-1982) buscaba fuentes alternativas de energía para los aviones y se interesó por la energía nuclear en 1949. Herbert Wagner (1900-1982) buscaba fuentes alternativas de energía para los aviones y se interesó por la energía nuclear en 1940. En agosto de 1941 terminaron en Berlín un estudio interno detallado de la historia y el potencial de la física nuclear técnica y sus aplicaciones (Übersicht *und Darstellung der historischen Entwicklung der modernen technischen Kernphysik und deren Anwendungsmöglichkeit sowie Zusammenfassung eigener Arbeitsziele und Pläne*, firmado por Herbert Wagner y Hugo Watzlawek (1912-1995). Su solicitud al Ministerio de Aviación (RLM) para fundar y financiar un Instituto de Tecnología Nuclear y Química Nuclear (*Reichsinstituts für Kerntechnik und Kernchemie*) fracasó, pero Watzlawek siguió explorando las posibles aplicaciones de la energía nuclear y escribió un detallado libro de texto sobre física nuclear técnica. Incluye una de las presentaciones más detalladas de los conocimientos alemanes contemporáneos sobre los diversos procesos de separación de isótopos y recomienda su uso combinado para llegar a cantidades suficientes de uranio enriquecido. Walther Gerlach se negó a imprimir este libro de texto, pero se conserva como manuscrito mecanografiado y apareció después de la Guerra, en 1948, prácticamente sin cambios (con sólo algunos añadidos sobre la bomba atómica estadounidense publicados en 1945). En octubre de 1944, Hugo Watzlawek escribió un artículo sobre el uso potencial de la energía nuclear y sus numerosas aplicaciones posibles. En su opinión, seguir esta vía de investigación y desarrollo era el "nuevo camino" para convertirse en el "amo del mundo". Por lo tanto, es un error centrarse únicamente en los esfuerzos de la *Uranverein, ya que otros* grupos de investigación alemanes también investigaban activamente para explotar la energía nuclear, especialmente con fines militares.

Producción moderada

La producción de agua pesada ya estaba en marcha en Noruega cuando los alemanes invadieron el país el 9 de abril de 1940. Las instalaciones noruegas de producción de agua pesada fueron rápidamente aseguradas (aunque parte del agua pesada ya había sido retirada) y mejoradas por los alemanes. En 1943, los aliados y los noruegos habían saboteado la producción noruega de agua pesada y destruido las reservas de agua pesada.

No se consideró el grafito (carbono) como alternativa, porque el valor del coeficiente de absorción de neutrones para el carbono calculado por Walther Bothe era demasiado alto, probablemente debido a que el boro de las piezas de grafito tiene una elevada absorción de neutrones.

Estrategias de explotación y negación

Hacia el final de la Segunda Guerra Mundial, las principales potencias bélicas aliadas hicieron planes para explotar la ciencia alemana. A la luz de las implicaciones de las armas nucleares, la fisión nuclear alemana y las tecnologías relacionadas fueron objeto de especial atención. Además de la explotación, la negación de estas tecnologías, su personal y los materiales relacionados a los aliados rivales fue una fuerza impulsora de sus esfuerzos. Esto normalmente significaba llegar primero a estos recursos, lo que hasta cierto punto ponía a los soviéticos en desventaja en algunos lugares geográficos de fácil acceso para los aliados occidentales, incluso si el área estaba destinada a estar en la zona de ocupación soviética por la Conferencia de Potsdam. A veces, todas las partes se mostraban severas en su persecución y negación a los demás.

El esfuerzo de negación y explotación estadounidense más conocido fue la Operación Paperclip, una amplia red de arrastre que abarcó una gran variedad de campos avanzados, como la propulsión de reactores y cohetes, la física nuclear y otros avances con aplicaciones militares como la tecnología de infrarrojos. Las operaciones dirigidas específicamente contra la fisión nuclear alemana fueron la Operación Alsos y la Operación Epsilon, esta última realizada en colaboración con los británicos. En lugar del nombre en clave de la operación soviética, el historiador Oleynikov se refiere a ella como la "Alsos" rusa.

Americanos y británicos

Berlín había sido la sede de muchas instalaciones alemanas de investigación científica. Para limitar las bajas y la pérdida de equipos, muchas de estas instalaciones se dispersaron a otros lugares en los últimos años de la guerra.

Operación BIG

Desgraciadamente para los soviéticos, el Kaiser-Wilhelm-Institut *für Physik* (KWIP, Instituto de Física Kaiser Wilhelm) había sido trasladado en su mayor parte en 1943 y 1944 a Hechingen y su ciudad vecina de Haigerloch, en el límite de la Selva Negra, que acabó convirtiéndose en la zona de ocupación francesa. Este traslado permitió a los estadounidenses poner bajo custodia a un gran número de científicos alemanes relacionados con la investigación nuclear. La única sección del instituto que permaneció en Berlín fue la de física de baja temperatura, dirigida por Ludwig Bewilogua, encargado de la pila experimental de uranio.

Los equipos Alsos estadounidenses que llevaban a cabo la Operación BIG recorrieron Baden-Wurtemberg cerca del final de la guerra en 1945, descubriendo, recogiendo y destruyendo selectivamente elementos *de Uranverein*, incluyendo la captura de un prototipo de reactor en Haigerloch y registros, agua pesada y lingotes de uranio en Tailfingen. Todos ellos fueron enviados a Estados Unidos para su estudio y utilización en el programa atómico estadounidense. Aunque muchos de estos materiales siguen en paradero desconocido, el Museo

Nacional de Ciencia e Historia Nuclear exhibió un cubo de uranio obtenido en esta misión a partir de marzo de 2020.

Operación Epsilon, y Farm Hall

Uno de los principales objetivos de la Operación Alsos en Alemania era localizar, capturar e interrogar a los científicos atómicos alemanes. Esto supuso un esfuerzo considerable, ya que muchos de ellos se habían dispersado durante las caóticas últimas semanas de la guerra en Europa. Finalmente, nueve de los destacados científicos alemanes que publicaron informes en *Kernphysikalische Forschungsberichte* como miembros del *Uranverein fueron recogidos* por el equipo de Alsos y encarcelados en Inglaterra como parte de lo que se denominó Operación Epsilon: Erich Bagge, Kurt Diebner, Walther Gerlach, Otto Hahn, Paul Harteck, Werner Heisenberg, Horst Korsching, Carl Friedrich von Weizsäcker y Karl Wirtz. También fue encarcelado Max von Laue, aunque no tenía nada que ver con el proyecto de armas nucleares. Goudsmit, el principal asesor científico de la Operación Alsos, pensó que von Laue podría ser beneficioso para la reconstrucción de Alemania en la posguerra y se beneficiaría de los contactos de alto nivel que tendría en Inglaterra.

Los diez científicos fueron trasladados en secreto y mantenidos confinados e incomunicados con el resto del mundo en [[Farm Hall]], una casa solariega de

Godmanchester. La autoridad legal para ello, el estatus legal de los prisioneros y las intenciones finales de los británicos no estaban claras para todos los implicados, para gran incomodidad de los científicos. La mansión estaba cableada con dispositivos de escucha encubiertos y las conversaciones entre los científicos alemanes eran controladas y traducidas al inglés. No está claro si los científicos sabían o sospechaban que estaban siendo vigilados.

Antes del anuncio de Hiroshima, los científicos alemanes, aunque preocupados por el futuro, expresaron su confianza en su valor para los Aliados sobre la base de sus avanzados conocimientos en materia nuclear. Los británicos comunicaron entonces a los científicos que la BBC había anunciado el uso de la bomba atómica tras el ataque a Hiroshima. Las reacciones de los alemanes fueron variadas; Hahn expresó su culpabilidad por su papel en el descubrimiento de la fisión nuclear, mientras que muchos otros, incluido Heisenberg, expresaron su incredulidad ante el informe ("No me creo ni una palabra de todo esto"). Esa misma noche, los científicos pudieron escuchar un anuncio más largo de la BBC, que invitaba a seguir debatiendo. Durante todo este tiempo, Heisenberg argumentó que se necesitarían grandes cantidades de uranio enriquecido ("alrededor de una tonelada") para fabricar un arma de este tipo. Para justificar su razonamiento, dio una breve explicación de cómo se calcularía la masa crítica para una bomba atómica que contenía graves errores.

Las transcripciones fueron desclasificadas en 1992, y esta sección concreta de la discusión fue sometida al escrutinio de expertos. Dos científicos del Proyecto Manhattan, Edward Teller y Hans Bethe, concluyeron tras leer las transcripciones que Heisenberg nunca había hecho ese cálculo. El propio Heisenberg, en la transcripción, dijo que "sinceramente, nunca lo había calculado [el cálculo de la masa crítica para una bomba atómica], ya que nunca creí que se pudiera obtener [uranio-]235 puro". Una semana después del bombardeo, Heisenberg dio una conferencia más formal a sus colegas sobre la física de la bomba atómica, en la que corrigió muchos de sus primeros errores e indicó una masa crítica mucho menor. Los historiadores han citado el error de Heisenberg como prueba de hasta qué punto su papel en el proyecto se había limitado casi exclusivamente a los reactores, ya que la ecuación original se parece mucho más al funcionamiento de un reactor que al de una bomba atómica.

En Farm Hall, los científicos alemanes discuten por qué Alemania no creó una bomba atómica y sí lo hicieron Estados Unidos y el Reino Unido. Las transcripciones revelan que desarrollaron lo que se ha denominado la ("versión") Lesart. La versión básica de la *Lesart* sostenía que los científicos alemanes *decidieron* no construir una bomba para Hitler, ya fuera por dar largas al asunto, por no ser lo suficientemente entusiastas o, en algunas versiones, por sabotaje activo. *Lesart* ofrece una explicación de su "fracaso" y eleva su autoridad moral por encima de los científicos aliados, a pesar de que trabajaban para los nazis. En la posguerra, varios científicos, en particular von Weizsäcker y Heisenberg, dieron esta versión de la historia a periodistas e historiadores, sobre todo a Robert Jungk, que la reimprimió y amplió acríticamente en la década de 1950. En aquella época, von Laue (que acuñó el término *Lesart*) cuestionó enérgicamente su exactitud. La mayoría de los historiadores profesionales de la ciencia que han trabajado en este tema no creen que el *Lesart* sea cierto. Como dijo el historiador y físico Jeremy Bernstein en una edición anotada de las transcripciones de Farm Hall:

Lo que los informes de Farm Hall dejan transparentemente claro es que, aunque conocían algunos principios generales -el uso de la fisión rápida a partir de U separado y la posibilidad de obtener plutonio-, no habían investigado seriamente ninguno de los detalles. Todos los problemas realmente difíciles quedaron sin abordar y sin resolver. ... Habían decidido que fabricar una bomba en tiempos de guerra en Alemania era inviable por motivos técnicos y económicos. Simplemente era demasiado grande y demasiado costosa. La moral no tenía nada que ver.

Lesart se ha perpetuado en muchos relatos populares sobre el programa atómico alemán, sobre todo en la obra de teatro *Copenhague* (1998), de Michael Frayn, que a su vez se basó en gran medida en la obra de historia popular *"La guerra de Heisenberg"* (1993), del periodista Thomas Powers*, que apoya a Lesart*.

Planta de Oranienburg

Con el interés de la *Heereswaffenamt* (HWA, Oficina de Artillería del Ejército), Nikolaus Riehl, y su colega Günter Wirths, establecieron una producción a escala industrial de óxido de uranio de gran pureza en la planta de *la Auergesellschaft* en Oranienburg. A las capacidades en las fases finales de la producción de uranio metálico se sumaron los puntos fuertes de la corporación Degussa en la producción de metales.

La planta de Oranienburg suministró las láminas y los cubos de uranio para los experimentos *Uranmaschine* realizados en el KWIP y en la *Versuchsstelle* (estación de pruebas) de la *Heereswaffenamt* (Oficina de Artillería del Ejército) de Gottow. El experimento G-1 realizado en la estación de ensayos de la HWA, bajo la dirección de Kurt Diebner, contaba con celosías de 6.800 cubos de óxido de uranio (unas 25 toneladas), en la parafina moderadora nuclear.

El trabajo de los equipos estadounidenses de la Operación Alsos, en noviembre de 1944, descubrió pistas que les llevaron a una empresa de París que manipulaba tierras raras y que había sido adquirida por la *Auergesellschaft*. Esto, combinado con la información recopilada ese mismo mes por un equipo de Alsos en Estrasburgo, confirmó que la planta de Oranienburg se dedicaba a la producción de uranio y metales de torio. Como la planta iba a estar en la futura zona de ocupación soviética y las tropas del Ejército Rojo llegarían allí antes que los aliados occidentales, el general Leslie Groves, comandante del Proyecto Manhattan, recomendó al general George Marshall que la planta fuera destruida mediante un bombardeo aéreo, con el fin de negar su equipo de producción de uranio a los soviéticos. El 15 de marzo de 1945, 612 bombarderos B-17 Flying Fortress de la Octava Fuerza Aérea lanzaron sobre la planta 1.506 toneladas de bombas de alto poder explosivo y 178 toneladas de bombas incendiarias. Riehl visitó el lugar con los soviéticos y dijo que la instalación había quedado destruida en su mayor parte. Riehl también recordó mucho después de la guerra que los soviéticos sabían exactamente por qué los estadounidenses habían bombardeado la instalación: el ataque había sido dirigido contra ellos y no contra los alemanes.

Francés

De 1941 a 1947, Fritz Bopp fue científico del KWIP y trabajó con el *Uranverein*. En 1944, se trasladó con la mayor parte del personal del KWIP a Hechingen, en el sur de Alemania, debido a los ataques aéreos sobre Berlín, y se convirtió en Director Adjunto del Instituto. Cuando la misión estadounidense Alsos evacuó Hechingen y Haigerloch, cerca del final de la Segunda Guerra Mundial, las fuerzas armadas francesas ocuparon Hechingen. Bopp no se llevaba bien con ellas y describió los objetivos iniciales de la política francesa hacia el KWIP como explotación, evacuación forzosa a Francia y confiscación de documentos y equipos. La política de ocupación francesa no era cualitativamente diferente de la de las fuerzas de ocupación estadounidenses y soviéticas, sólo se llevaba a cabo a menor escala. Con el fin de presionar a Bopp para que evacuara el KWIP a Francia, la Comisión Naval francesa lo encarceló durante cinco días y lo amenazó con más encarcelamientos si no cooperaba en la evacuación. Durante su encarcelamiento, el espectroscopista Hermann Schüler , que tenía mejores relaciones con los franceses, convenció a éstos para que le nombraran director adjunto del KWIP. Este incidente provocó tensiones entre los físicos y espectroscopistas del KWIP y dentro de su organización paraguas, la Kaiser-Wilhelm *Gesellschaft* (*Sociedad* Kaiser Wilhelm).

Soviética

Al final de la Segunda Guerra Mundial, la Unión Soviética tenía equipos especiales de búsqueda que operaban en Austria y Alemania, especialmente en Berlín, para identificar y obtener equipos, material, propiedad intelectual y personal útiles para el proyecto soviético de la bomba atómica. Los equipos de explotación dependían de los Alsos soviéticos y estaban dirigidos por el adjunto de Lavrentij Beria, el coronel general A. P. Zavenyagin. Estos equipos estaban compuestos por miembros del personal científico, con uniformes de oficial del NKVD, del único laboratorio del proyecto de la bomba, el Laboratorio nº 2, en Moscú, e incluían a Yulij Borisovich Khariton, Isaak Konstantinovich Kikoin y Lev Andreevich Artsimovich. Georgij Nikolaevich Flerov había llegado antes, aunque Kikoin no recordó un grupo de vanguardia. Los primeros objetivos de su lista eran el *Instituto de Física* Kaiser Guillermo (KWIP, Kaiser Wilhelm Institut für Physik), la Universidad Federico Guillermo (hoy Universidad de Berlín) y la *Technische Hochschule Berlin* (hoy *Technische Universität Berlin*).

Entre los físicos alemanes que trabajaron en el *Uranverein* y fueron enviados a la Unión Soviética para trabajar en el proyecto soviético de la bomba atómica se encontraban: Werner Czulius, Robert Döpel, Walter Herrmann, Heinz Pose, Ernst Rexer, Nikolaus Riehl y Karl Zimmer. Günter

Wirths, aunque no era miembro del *Uranverein*, trabajó para Riehl en la *Auergesellschaft* en la producción de uranio apto para reactores y también fue enviado a la Unión Soviética.

El camino de Zimmer para trabajar en el proyecto soviético de la bomba atómica pasó por un campo de prisioneros de guerra en Krasnogorsk, al igual que el de sus colegas Hans-Joachim Born y Alexander Catsch del *Kaiser-Wilhelm Institut für Hirnforschung* (KWIH, Instituto Kaiser Wilhelm para la Investigación del Cerebro, hoy *Max-Planck-Institut für Hirnforschung*), que trabajaron allí para N. V. Timofeev-Resovskij, director del *Abteilung für Experimentelle Genetik* (Departamento de Genética Experimental). Los cuatro acabaron trabajando para Riehl en la Unión Soviética, en el Laboratorio B de Sungul'.

Von Ardenne, que había trabajado en la separación de isótopos para el *Reichspostministerium* (Ministerio de Correos del Reich), también fue enviado a la Unión Soviética para trabajar en su proyecto de bomba atómica, junto con Gustav Hertz, premio Nobel y director del Laboratorio de Investigación II de Siemens, Peter Adolf Thiessen, director del *Kaiser-Wilhelm Institut für physikalische Chemie und Elektrochemie* (KWIPC, (KWIPC, Instituto Kaiser Wilhelm de Química y Electroquímica, hoy Instituto Fritz Haber de la Sociedad Max-Planck), y Max Volmer, director del Instituto de Química Física de la

Technische Hochschule de Berlín (Universidad Técnica de Berlín), que habían hecho un pacto para que el primero que se pusiera en contacto con los soviéticos hablara por el resto. Antes del final de la Segunda Guerra Mundial, Thiessen, miembro del Partido Nazi, tenía contactos comunistas. El 27 de abril de 1945, Thiessen llegó al instituto de von Ardenne en un vehículo blindado con un mayor del ejército soviético, que también era un destacado químico soviético, y entregaron a Ardenne una carta de protección (*Schutzbrief*).

Comparación con el Proyecto Manhattan

Los gobiernos de Estados Unidos, Gran Bretaña y Canadá colaboraron para crear el Proyecto Manhattan, que desarrolló las bombas atómicas de uranio y plutonio. Su éxito se ha atribuido al cumplimiento de las cuatro condiciones siguientes:

1. Un fuerte impulso inicial, por parte de un pequeño grupo de científicos, para poner en marcha el proyecto.

2. Apoyo incondicional del gobierno a partir de cierto momento.

3. Esencialmente, mano de obra y recursos industriales ilimitados.

4. Una concentración de brillantes científicos dedicados al proyecto.

Incluso con estas cuatro condiciones, el Proyecto Manhattan no tuvo éxito hasta que la guerra en Europa llegó a su fin.

Para el Proyecto Manhattan, la segunda condición se cumplió el 9 de octubre de 1941 o poco después. Durante mucho tiempo se pensó que Alemania no estaba a la altura de lo necesario para fabricar una bomba atómica. Existía una desconfianza mutua entre el gobierno alemán y algunos científicos. A finales de 1941, ya era evidente que el proyecto alemán de armas nucleares no contribuiría de forma decisiva a poner fin al esfuerzo bélico alemán a corto plazo, y el *Heereswaffenamt* (HWA, Oficina de Artillería del Ejército) cedió el control del proyecto al *Reichsforschungsrat* (RFR, Consejo de Investigación del Reich) en julio de 1942.

En cuanto a la cuarta condición, la alta prioridad asignada al Proyecto Manhattan permitió reclutar y concentrar en él a científicos capaces. En Alemania, por el contrario, un gran número de jóvenes científicos y técnicos que habrían sido de gran utilidad para dicho proyecto fueron reclutados por las fuerzas armadas alemanas, mientras que otros habían huido del país antes de la guerra debido al antisemitismo y la persecución política.

Mientras que Enrico Fermi, líder científico del Proyecto Manhattan, tenía una "doble aptitud única para el trabajo teórico y experimental" en el siglo XX, los éxitos en Leipzig hasta 1942 fueron el resultado de la cooperación entre el físico teórico Werner Heisenberg y el experimentalista Robert Döpel. La prueba experimental más importante fue el aumento efectivo de neutrones en abril de 1942. A finales de julio del mismo año, el grupo en torno a Fermi también consiguió el aumento de neutrones en una disposición similar a la de un reactor.

En junio de 1942, unos seis meses antes de que la estadounidense Chicago Pile-1 lograra por primera vez en el mundo la criticidad artificial, la *"Uran-Maschine"* L-IV de Döpel fue destruida por una explosión química introducida por el oxígeno, lo que puso fin a los trabajos sobre este tema en Leipzig. A partir de entonces, a pesar del aumento de los gastos, los grupos de Berlín y sus ramas externas no consiguieron hacer crítico un reactor hasta el final de la Segunda Guerra Mundial. Sin embargo, éste fue realizado por el grupo de Fermi en diciembre de 1942, con lo que la ventaja alemana se perdió definitivamente, incluso en lo que se refiere a la investigación sobre la producción de energía.

El historiador alemán Klaus Hentschel resume las diferencias organizativas así:

En comparación con los esfuerzos de investigación de guerra británicos y estadounidenses unidos en el Proyecto Manhattan, hasta hoy el principal ejemplo de "gran ciencia", el Uranverein era sólo una red descentralizada y poco unida de investigadores con programas de investigación bastante diferentes. En lugar de trabajo en equipo, como en el caso estadounidense, en el alemán nos encontramos con una competencia feroz, rivalidades personales y luchas por los limitados recursos.

La investigación Alsos del Proyecto Manhattan concluyó finalmente en un informe clasificado, basándose en documentos y materiales confiscados en centros de investigación de Alemania, Austria y Francia, así como en el interrogatorio de más de 40 personas relacionadas con el programa, que:

El plan general para llevar a cabo la investigación [el desarrollo de un arma atómica] seguía en algunos aspectos el modelo empleado en Estados Unidos. Las tareas de investigación se encomendaban a muchos grupos pequeños, generalmente de alguna universidad o escuela técnica, o a empresas industriales especializadas en una o más de las actividades relacionadas. Sin embargo, el esfuerzo enemigo carecía definitivamente de dirección general, unidad de propósito y coordinación entre las agencias participantes. Al principio de los esfuerzos alemanes, el problema del uranio había sido abordado por separado por una serie de grupos más o menos competidores. Había un grupo dependiente de la Artillería del Ejército, otro del Instituto de Física Kaiser-Wilhelm y otro del Departamento de Correos. Entre estos grupos existía un cierto grado de disputa por el suministro de material y una actitud no cooperativa en el intercambio de información. Los esfuerzos de investigación del Departamento de Correos fueron escasos y no se prolongaron durante mucho tiempo. Los dos primeros grupos mencionados se unificaron en 1942 bajo el Consejo de Investigación del Reich. En conjunto, gracias a esa unificación se obtuvieron resultados beneficiosos, desde el punto de vista alemán. Pero seguían existiendo conflictos de jurisdicción entre el Gobierno alemán y las ramas de servicio. Hasta el final de la guerra se plantearon dificultades en relación con la exclusión del personal científico del servicio militar. Muchos científicos alemanes trabajaban por su cuenta y no estaban obligados a trabajar en proyectos concretos. El desarrollo del arma atómica no se creía posible [durante la guerra].

Como consecuencia de lo anterior, el desarrollo de la energía atómica en Alemania no pasó de la fase de laboratorio; la utilización para la producción de energía más que para un explosivo fue la principal consideración; y, aunque la ciencia alemana estaba interesada en este nuevo campo, otros objetivos científicos recibieron mayor atención oficial.

En términos de recursos financieros y humanos, las comparaciones entre el Proyecto Manhattan y el *Uranverein* son tajantes. El Proyecto Manhattan consumió unos 2.000 millones de dólares (1945, ~26.000 millones en dólares de 2022) en fondos gubernamentales, y empleó en su momento álgido a unas 120.000 personas, la mayoría en los sectores de la construcción y las operaciones. En total, el Proyecto Manhattan empleó a unas 500.000 personas, casi el 1% de toda la mano de obra civil estadounidense. En comparación, el presupuesto del *Uranverein fue de* tan sólo 8 millones de reichsmarks, equivalentes a unos 2 millones de dólares (1945, ~26 millones de dólares en 2022), una milésima parte del gasto estadounidense.

Después de la Segunda Guerra Mundial

1945: Misión Alsos

La Misión Alsos fue un esfuerzo aliado para determinar si los alemanes tenían un programa de bombas atómicas y explotar las instalaciones, la investigación, los recursos materiales y el personal científico alemanes relacionados con la energía atómica en beneficio de los Estados Unidos. El personal de esta operación generalmente se desplazaba a zonas que acababan de quedar bajo control de las fuerzas militares aliadas, pero a veces operaban en zonas que aún estaban bajo control de las fuerzas alemanas. Berlín había sido la ubicación de muchas instalaciones de investigación científica alemanas. Para limitar las bajas y la pérdida de equipos, muchas de estas instalaciones se dispersaron a otros lugares en los últimos años de la guerra. El Kaiser-Wilhelm-Institut *für Physik* (KWIP, Instituto Kaiser Wilhelm de Física) había sido bombardeado, por lo que en 1943 y 1944 se había trasladado en su mayor parte a Hechingen y a su ciudad vecina de Haigerloch, en el límite de la Selva Negra, que finalmente quedó incluida en la zona de ocupación francesa. Esto permitió al grupo operativo estadounidense de la Misión Alsos poner bajo custodia a un gran número de científicos alemanes relacionados con la investigación nuclear.

El 30 de marzo, la misión Alsos llegó a Heidelberg, donde fueron capturados importantes científicos, entre ellos Walther Bothe, Richard Kuhn, Philipp Lenard y Wolfgang Gentner. Su interrogatorio reveló que Otto Hahn se encontraba en su laboratorio de Tailfingen, mientras que Heisenberg y Max von Laue estaban en el laboratorio de Heisenberg en Hechingen, y que el reactor experimental de uranio natural que el equipo de Heisenberg había construido en Berlín había sido trasladado a Haigerloch. A partir de entonces, la misión Alsos se centró principalmente en estas instalaciones nucleares de la zona de Württemberg. Heisenberg fue sacado clandestinamente de Urfeld, el 3 de mayo de 1945, en una operación alpina en territorio aún bajo control de las fuerzas de élite alemanas. Fue trasladado a Heidelberg, donde, el 5 de mayo, se reunió con Goudsmit por primera vez desde la visita a Ann Arbor en 1939. Alemania se rindió sólo dos días después. Heisenberg no volvería a ver a su familia en ocho meses, ya que fue trasladado a través de Francia y Bélgica y trasladado en avión a Inglaterra el 3 de julio de 1945.

1945: Reacción a Hiroshima

Nueve de los destacados científicos alemanes que publicaron informes en *Nuclear Physics Research Reports* como miembros del *Uranverein* fueron capturados por la Operación Alsos y encarcelados en Inglaterra en el marco de la Operación Epsilon. Diez científicos alemanes, entre ellos Heisenberg, fueron retenidos en Farm Hall (Inglaterra). La instalación había sido un piso franco de la inteligencia exterior británica MI6. Durante su detención se grabaron sus conversaciones. Las conversaciones que se consideraron de valor para los servicios de inteligencia se transcribieron y tradujeron al inglés. Las transcripciones se hicieron públicas en 1992. El 6 de agosto de 1945, los científicos de Farm Hall se enteraron por los medios de comunicación de que Estados Unidos había lanzado una bomba atómica en Hiroshima (Japón). Al principio, no se creía que se hubiera construido y lanzado una bomba. En las semanas siguientes, los científicos alemanes discutieron cómo Estados Unidos podría haber construido la bomba.

Las transcripciones de Farm Hall revelan que Heisenberg, junto con otros físicos internados en Farm Hall, entre ellos Otto Hahn y Carl Friedrich von Weizsäcker, se alegraban de que los Aliados hubieran ganado la Segunda Guerra Mundial. Heisenberg dijo a otros científicos que nunca había contemplado una bomba, sólo una pila atómica para producir energía. También se discutió la moralidad de crear una bomba para los nazis. Sólo unos pocos científicos expresaron verdadero horror ante la perspectiva de las armas nucleares, y el propio Heisenberg se mostró cauto al hablar del asunto. Sobre el fracaso del programa alemán de armas nucleares para construir una bomba atómica, Heisenberg comentó: "No habríamos tenido el valor moral de recomendar al gobierno en la primavera de 1942 que empleara a 120.000 hombres sólo para construir la cosa".

Cuando en 1992 se desclasificaron las transcripciones, el físico alemán Manfred Popp las analizó, así como la documentación de Uranverein. Cuando los científicos alemanes se enteraron de la bomba de Hiroshima, Heisenberg admitió que nunca antes había calculado la masa crítica de una bomba atómica. Cuando posteriormente intentó calcular la masa, cometió graves errores de cálculo. Edward Teller y Hans Bethe vieron la transcripción y llegaron a la conclusión de que Heisenberg lo había hecho por primera vez, ya que cometió errores similares a los suyos. Sólo una semana después Heisenberg dio una impresionante conferencia sobre la física de la bomba. Reconoció correctamente muchos aspectos esenciales, incluida la eficacia de la bomba, aunque seguía subestimándola. Para Popp, esto es una prueba de que Heisenberg no dedicó tiempo al arma nuclear durante la guerra; al contrario, evitó siquiera pensar en ella.

Carrera investigadora en la posguerra

Cargos ejecutivos en instituciones de investigación alemanas

El 3 de enero de 1946, los diez detenidos de la Operación Epsilon fueron trasladados a Alswede, en Alemania. Heisenberg se instaló en Göttingen, que estaba en la zona británica de la Alemania ocupada por los Aliados. Heisenberg comenzó inmediatamente a promover la investigación científica en Alemania. Tras la aniquilación de la Sociedad Kaiser Wilhelm por el Consejo de Control Aliado y el establecimiento de la Sociedad Max Planck en la zona británica, Heisenberg fue nombrado director del Instituto Max Planck de Física. Max von Laue fue nombrado vicedirector, mientras que Karl Wirtz, Carl Friedrich von Weizsäcker y Ludwig Biermann se unieron para ayudar a Heisenberg a establecer el instituto. Heinz Billing se incorporó en 1950 para promover el desarrollo de la informática electrónica. El núcleo de la investigación del Instituto era la radiación cósmica. El instituto celebraba un coloquio todos los sábados por la mañana.

Heisenberg, junto con Hermann Rein, desempeñó un papel decisivo en la creación del Forschungsrat (consejo de investigación). Heisenberg concibió este consejo para promover el diálogo entre la recién fundada República Federal de Alemania y la comunidad científica, con sede en Alemania. Heisenberg fue nombrado presidente del *Forschungsrat*. En 1951, la organización se fusionó con la Notgemeinschaft der Deutschen Wissenschaft (Asociación de Emergencia de la Ciencia Alemana) y ese mismo año pasó a llamarse Deutsche Forschungsgemeinschaft (Fundación Alemana de Investigación). Tras la fusión, Heisenberg es nombrado miembro del presidium.

En 1958, el Max-Planck-Institut für Physik se trasladó a Múnich, se amplió y pasó a llamarse Max-Planck-Institut für Physik und Astrophysik (MPIFA). Mientras tanto, Heisenberg y el astrofísico Ludwig Biermann fueron codirectores del MPIFA. Heisenberg también se convirtió en *catedrático ordinario* (ordinarius professor) de la Ludwig-Maximilians-Universität München. Heisenberg fue el único director de la MPIFA de 1960 a 1970. Heisenberg dimitió de su cargo de director de la MPIFA el 31 de diciembre de 1970.

Fomento de la cooperación científica internacional

En 1951, Heisenberg aceptó convertirse en el representante científico de la República Federal de Alemania en la conferencia de la UNESCO, con el objetivo de establecer un laboratorio europeo de física nuclear. El objetivo de Heisenberg era construir un gran acelerador de partículas, aprovechando los recursos y conocimientos técnicos de los científicos de todo el bloque occidental. El 1 de julio de 1953 Heisenberg firmó el convenio por el que se creaba el CERN en nombre de la República Federal de Alemania. Aunque se le propuso ser el director científico fundador del CERN, no aceptó. En su lugar, fue nombrado presidente del comité de política científica del CERN y pasó a determinar el programa científico del CERN.

En diciembre de 1953, Heisenberg se convirtió en presidente de la Fundación Alexander von Humboldt. Durante su mandato como presidente, 550 becarios Humboldt de 78 países recibieron becas de investigación científica. Heisenberg dimitió como presidente poco antes de su muerte.

Intereses de investigación

En 1946, el científico alemán Heinz Pose, jefe del Laboratorio V de Obninsk, escribió una carta a Heisenberg invitándole a trabajar en la URSS. La carta alababa las condiciones de trabajo en la URSS y los recursos disponibles, así como la actitud favorable de los soviéticos hacia los científicos alemanes. Un mensajero entregó en mano a Heisenberg la carta de reclutamiento, fechada el 18 de julio de 1946; Heisenberg la rechazó cortésmente. En 1947, Heisenberg dio conferencias en Cambridge, Edimburgo y Bristol. Heisenberg contribuyó a la comprensión del fenómeno de la superconductividad con un artículo en 1947 y dos en 1948, uno de ellos con Max von Laue.

Poco después de la Segunda Guerra Mundial, Heisenberg retomó brevemente el tema de su tesis doctoral, la turbulencia. Publicó tres artículos en 1948 y uno en 1950. En la posguerra, Heisenberg continuó su interés por las lluvias de rayos cósmicos con consideraciones sobre la producción múltiple de mesones. Publicó tres artículos en 1949, dos en 1952 y uno en 1955.

Entre finales de 1955 y principios de 1956, Heisenberg pronunció las conferencias Gifford en la Universidad de St Andrews, en Escocia, sobre la historia intelectual de la física. Las conferencias se publicaron posteriormente con el título *Physics and Philosophy: La revolución de la ciencia moderna*. Durante 1956 y 1957, Heisenberg presidió el *Arbeitskreis Kernphysik* (Grupo de Trabajo de Física Nuclear) de la *Fachkommission II "Forschung und Nachwuchs"* (Comisión II "*Investigación y* Crecimiento") de la *Deutsche Atomkommission* (DAtK, Comisión Alemana de Energía Atómica). Otros miembros del Grupo de Trabajo de Física Nuclear tanto en 1956 como en 1957 fueron: Walther Bothe, Hans Kopfermann (vicepresidente), Fritz Bopp, Wolfgang Gentner, Otto Haxel, Willibald Jentschke, Heinz Maier-Leibnitz, Josef Mattauch, Wolfgang Riezler, Wilhelm Walcher y Carl

Friedrich von Weizsäcker. Wolfgang Paul también formó parte del grupo en 1957.

En 1957, Heisenberg fue uno de los firmantes del Manifiesto de Göttinger, adoptando una postura pública en contra de que la República Federal de Alemania se armara con armas nucleares. Heisenberg, al igual que Pascual Jordán, pensaba que los políticos ignorarían esta declaración de los científicos nucleares. Pero Heisenberg creía que el Manifiesto Göttinger "influiría en la opinión pública", que los políticos tendrían que tener en cuenta. Escribió a Walther Gerlach: "Probablemente tendremos que volver sobre esta cuestión en público durante mucho tiempo por el peligro de que la opinión pública decaiga". En 1961 Heisenberg firmó el Memorándum de Tubinga junto a un grupo de científicos reunidos por Carl Friedrich von Weizsäcker y Ludwig Raiser. Se produjo entonces un debate público entre científicos y políticos. Cuando destacados políticos, autores y miembros de la sociedad se unieron al debate sobre las armas nucleares, los firmantes del Memorándum se posicionaron en contra de "los inconformistas intelectuales a tiempo completo".

A partir de 1957, Heisenberg se interesó por la física del plasma y el proceso de fusión nuclear. También colaboró con el Instituto Internacional de Física Atómica de Ginebra. Fue miembro del comité de política científica del Instituto y durante varios años ocupó la presidencia del mismo. Fue uno de los ocho firmantes del Memorándum de Tubinga, que pedía el reconocimiento de la línea Oder-Neiße como frontera oficial entre Alemania y Polonia y se pronunciaba en contra de un posible armamento nuclear de Alemania Occidental.

En 1973, Heisenberg pronuncia una conferencia en la Universidad de Harvard sobre el desarrollo histórico de los conceptos de la teoría cuántica. El 24 de marzo de 1973, Heisenberg pronunció un discurso ante la Academia Católica de Baviera, en el que aceptó el Premio Romano Guardini. Se publicó una traducción al inglés de su discurso con el título "Scientific and Religious Truth", una cita del cual aparece en una sección posterior de este artículo.

Filosofía y cosmovisión

Heisenberg admiraba la filosofía oriental y veía paralelismos entre ella y la mecánica cuántica, describiéndose a sí mismo como "completamente de acuerdo" con el libro *El Tao de la Física*. Heisenberg llegó incluso a afirmar que tras conversaciones con Rabindranath Tagore sobre la filosofía india "algunas de las ideas que parecían tan descabelladas de repente tenían mucho más sentido".

En cuanto a la filosofía de Ludwig Wittgenstein, a Heisenberg no le gustó el *Tractatus Logico-Philosophicus*, pero sí "mucho las ideas posteriores de Wittgenstein y su filosofía sobre el lenguaje".

Heisenberg, cristiano devoto, escribió: "Podemos consolarnos pensando que el buen Dios conocería la posición de las partículas [subatómicas], por lo que dejaría que el principio de causalidad siguiera teniendo validez", en su última carta a Albert Einstein. Einstein seguía manteniendo que la física cuántica debe ser incompleta porque implica que el universo es indeterminado a un nivel fundamental.

En conferencias pronunciadas en la década de 1950 y publicadas posteriormente como *Física y Filosofía*, Heisenberg sostenía que los avances científicos estaban provocando conflictos culturales. Afirmaba que la física moderna "forma parte de un proceso histórico general que tiende a la unificación y ampliación de nuestro mundo actual".

Cuando Heisenberg aceptó el Premio Romano Guardini en 1974, pronunció un discurso que más tarde publicó bajo el título *Verdad científica y religiosa*. En él reflexionó:

En la historia de la ciencia, desde el famoso proceso de Galileo, se ha afirmado repetidamente que la verdad científica no puede conciliarse con la interpretación religiosa del mundo. Aunque ahora estoy convencido de que la verdad científica es inatacable en su propio campo, nunca me ha parecido posible descartar el contenido del pensamiento religioso como simple parte de una fase pasada de moda en la conciencia de la humanidad, una parte a la que tendremos que renunciar de ahora en adelante. Así, a lo largo de mi vida me he visto obligado repetidamente a reflexionar sobre la relación de estas dos regiones del pensamiento, pues nunca he podido dudar de la realidad de aquello a lo que apuntan.

Autobiografía y muerte

A finales de los sesenta, Heisenberg escribió su autobiografía para el mercado de masas. En 1969 se publicó en Alemania, a principios de 1971 en inglés y en los años siguientes en otros idiomas. Heisenberg inició el proyecto en 1966, cuando sus conferencias públicas giraban cada vez más en torno a los temas de la filosofía y la religión. Heisenberg había enviado el manuscrito de un libro de texto sobre la teoría del campo unificado a las editoriales Hirzel Verlag y John Wiley & Sons para su publicación. Este manuscrito, escribió a uno de sus editores, era el trabajo preparatorio de su autobiografía. Estructuró su autobiografía en temas, que abarcaban: 1) El objetivo de la ciencia exacta, 2) La problemática del lenguaje en la física atómica, 3) La abstracción en las matemáticas y la ciencia, 4) La divisibilidad de la materia o antinomia de Kant, 5) La simetría básica y su fundamentación, y 6) Ciencia y religión.

Heisenberg escribió sus memorias como una cadena de conversaciones a lo largo de su vida. El libro se convirtió en un éxito popular, pero fue considerado problemático por los historiadores de la ciencia. En el prefacio, Heisenberg escribió que había abreviado los acontecimientos históricos para hacerlos más concisos. En el momento de su publicación, fue reseñado por Paul

Forman en la revista *Science* con el comentario "He aquí unas memorias en forma de diálogo racionalmente reconstruido". Y el diálogo, como bien sabía Galileo, es en sí mismo un recurso literario de lo más insidioso: animado, entretenido y especialmente adecuado para insinuar opiniones al tiempo que se elude la responsabilidad por ellas". Se habían publicado pocas memorias científicas, pero Konrad Lorenz y Adolf Portmann habían escrito libros populares que transmitían la erudición a un público amplio. Heisenberg trabajó en su autobiografía y la publicó en la editorial Piper de Múnich. Heisenberg propuso inicialmente el título *Gespräche im Umkreis der Atomphysik* (*Conversaciones sobre física atómica*). La autobiografía se publicó finalmente con el título *Der Teil und das Ganze* (*La parte y el todo*). La traducción al inglés de 1971 se publicó con el título *Physics and Beyond: Encuentros y conversaciones*.

Heisenberg murió de cáncer de riñón en su casa, el 1 de febrero de 1976. La noche siguiente, sus colegas y amigos caminaron en su recuerdo desde el Instituto de Física hasta su casa, encendieron una vela y la colocaron frente a su puerta. Heisenberg está enterrado en el Waldfriedhof de Múnich.

En 1980 su viuda, Elisabeth Heisenberg, publicó La vida *política de un apolítico* (de, *Das politische Leben eines Unpolitischen*). En él caracterizaba a Heisenberg como "ante todo, una persona espontánea; después, un científico brillante; a continuación, un artista de gran talento, y sólo en cuarto lugar, por sentido del deber, homo politicus".

Premios y distinciones

Heisenberg recibió numerosas distinciones:

- Doctor Honoris Causa por la Universidad de Bruselas, la Universidad Tecnológica de Karlsruhe y la Universidad Eötvös Loránd.

- Orden del Mérito de Baviera

- Premio Romano Guardini

- Gran Cruz del Servicio Federal con Estrella

- Caballero de la Orden del Mérito (Clase Civil)

- Elegido Miembro Internacional de la American Philosophical Society en 1937, Miembro Extranjero de la Royal Society (ForMemRS) en 1955 y Miembro Honorario Internacional de la American Academy of Arts and Sciences en 1958.

- Miembro de las Academias de Ciencias de Gotinga, Baviera, Sajonia, Prusia, Suecia, Rumanía, Noruega, España, Países Bajos (1939), Roma (Pontificia), de la *Deutsche Akademie der Naturforscher Leopoldina* (Halle), de la Accademia dei Lincei (Roma) y de la American Academy of Sciences.

- 1932 - Premio Nobel de Física "por la creación de la mecánica cuántica, cuya aplicación ha permitido, entre otras cosas, descubrir las formas alotrópicas del hidrógeno".

- 1933 - *Max-Planck-Medaille* de la *Deutsche Physikalische Gesellschaft*

Informes de investigación sobre física nuclear

Los siguientes informes se publicaron en *Kernphysikalische Forschungsberichte* (*Informes de investigación en física nuclear*), una publicación interna del *Uranverein* alemán. Los informes estaban clasificados como Top Secret, tenían una distribución muy limitada y los autores no podían conservar copias. Los informes fueron confiscados en el marco de la operación aliada Alsos y enviados a la Comisión de Energía Atómica de Estados Unidos para su evaluación. En 1971, los informes fueron desclasificados y devueltos a Alemania. Los informes están disponibles en el Centro de Investigación Nuclear de Karlsruhe y en el Instituto Americano de Física.

- Werner Heisenberg *Die Möglichkeit der technischer Energiegewinnung aus der Uranspaltung* G-39 (6 de diciembre de 1939)

- Werner Heisenberg *Bericht über die Möglichkeit technischer Energiegewinnung aus der Uranspaltung (II)* G-40 (29 de febrero de 1940)

- Robert Döpel, K. Döpel y Werner Heisenberg *Bestimmung der Diffusionslänge thermischer Neutronen in schwerem Wasser* G-23 (7 de agosto de 1940)

- Robert Döpel, K. Döpel y Werner Heisenberg *Bestimmung der Diffusionslänge thermischer Neutronen in Präparat 38* G-22 (5 de diciembre de 1940)

- Robert Döpel, K. Döpel y Werner Heisenberg *Versuche mit Schichtenanordnungen von D_2O und 38* G-75 (28 de octubre de 1941)

- Werner Heisenberg Über *die Möglichkeit der Energieerzeugung mit Hilfe des Isotops 238* G-92 (1941)

- Werner Heisenberg *Bericht über Versuche mit Schichtenanordnungen von Präparat 38 und Paraffin am Kaiser Wilhelm Institut für Physik in Berlin-Dahlem* G-93 (Mayo 1941)

- Fritz Bopp, Erich Fischer, Werner Heisenberg, Carl-Friedrich von Weizsäcker y Karl Wirtz *Untersuchungen mit neuen Schichtenanordnungen aus U-metall und Paraffin* G-127 (marzo de 1942)

- Robert Döpel *Bericht über Unfälle beim Umgang mit Uranmetall* G-135 (9 de julio de 1942)

- Werner Heisenberg *Bemerkungen zu dem geplanten halbtechnischen Versuch mit 1,5 to D$_2$ O und 3 to 38-Metall* G-161 (31 July 1942)

- Werner Heisenberg, Fritz Bopp, Erich Fischer, Carl-Friedrich von Weizsäcker y Karl Wirtz *Messungen an Schichtenanordnungen aus 38-Metall und Paraffin* G-162 (30 de octubre de 1942)

- Robert Döpel, K. Döpel, and Werner Heisenberg *Der experimentelle Nachweis der effektiven Neutronenvermehrung in einem Kugel-Schichten-System aus D$_2$ O und Uran-Metall* G-136 (Julio 1942)

- Werner Heisenberg *Die Energiegewinnung aus der Atomkernspaltung* G-217 (6 de mayo de 1943)

- Fritz Bopp, Walther Bothe, Erich Fischer, Erwin Fünfer, Werner Heisenberg, O. Ritter y Karl Wirtz *Bericht über ein Versuch mit 1.5 to D$_2$ O und U und 40 cm Kohlerückstreumantel (B7)* G-300 (3 de enero de 1945)

- Robert Döpel, K. Döpel y Werner Heisenberg *Die Neutronenvermehrung in einem D_2 O-38-Metallschichtensystem G-373* (marzo de 1942)

Otros libros de United Library

https://campsite.bio/unitedlibrary

Milton Keynes UK
Ingram Content Group UK Ltd.
UKHW050248230324
439834UK00014B/496

9 789464 902433